Claudia Toll | Ilka Sokolowski

Ich wünsche mir
ein Haustier

# Die Katze

Mit Bildern von Gerhard Schröder

Sauerländer

# Inhalt

## Katzen erobern die Welt

## Ein Platz für wilde Katzen

## Eingewöhnung

## Vom Futter und vom Fressen

## Die Katze und ihr Mensch

## Beim Tierarzt

## Katzenkinder

## Auf Reisen

# Vorwort

## Liebe Eltern!

„Ich möchte ein Haustier haben!"
Irgendwann kommt bei jedem Kind dieser Wunsch auf. Und es ist etwas Wunderbares für Kinder, mit Tieren aufzuwachsen.
Aber kein Kind kann übersehen, was es bedeutet, ein Tier zu haben. Nicht nur für einige Tage oder Wochen, sondern ein ganzes Tierleben lang, ob es nun zwei, drei Jahre sind wie beim Goldhamster oder vielleicht achtzehn, zwanzig Jahre wie bei der Katze. Für das Tier zu sorgen, sich um es zu kümmern, es zu pflegen und mit ihm richtig – rücksichtsvoll und seiner Art gemäß – umzugehen, kann Ihr Kind nur von Ihnen lernen! Durch Sie erfährt es, was Verantwortung, Respekt, Geduld und Verpflichtung gegenüber einem Tier bedeuten.
Das sollten Sie vor der Entscheidung für eine Katze bedenken:

Eine Katze hat ein eigenständiges Wesen. Sie schließt sich gerne freiwillig einem Kind an, wenn es sie nicht bedrängt, wenn es wartet, dass sie von selbst ankommt und ihm zeigt: Jetzt will ich spielen oder jetzt will ich schmusen. Die Katze ist ein Haustier, das deutlich seine Zuneigung zum Menschen zeigt, aber von ihm auch Zurückhaltung erwartet.
Wenn Sie das berücksichtigen, ist es gar nicht schwierig, einer Katze ein artgemäßes Zuhause zu bieten. Je mehr die ganze Familie über die Bedürfnisse und Vorlieben des neuen Mitglieds weiß, desto besser. Dieses Buch will dazu beitragen – damit einer wunderbaren Freundschaft zwischen Katze und Mensch nichts im Wege steht.

Wir wünschen Ihnen viel Freude mit Ihrer Katze!

Ilka Sokolowski und Claudia Toll

# Katzen erobern die Welt

## Die ersten Katzen

Katzen leben schon sehr lange auf der Erde: Vor 60 Millionen Jahren, als die Dinosaurier ausgestorben waren, streiften die ersten katzenartigen Säugetiere durch die Urlandschaften. Zur Familie der Katzen gehören heute etwa 40 Arten. Ganz große sind dabei, wie Löwe und Tiger, und kleine wie unsere Hauskatze.

Die Vorfahren der Hauskatzen stammen vermutlich von der Nubischen Falbkatze ab. Das ist eine Wildkatze, die im Gebiet von Palästina und Ägypten lebt. Das Wort „Falb" in ihrem Namen bedeutet „hell" oder „sandfarben", und das ist auch die Fellfarbe der Katze. Da weite Landstriche in ihrer Heimat trocken und wüstenartig sind, ist die Falbkatze mit diesem Fell gut getarnt.

## Glückskatze

Schwarz, rot und weiß – dreifarbige Katzen gelten als Glücksbringer. Vielleicht, weil sie so selten sind! Früher schrieb man dreifarbigen Katzen besondere Kräfte zu. Sie sollten Blitz und Feuer abwehren und als Schiffskatzen vor Unglück schützen.

## Haustiere der Ägypter

Die alten Ägypter waren die Ersten, die Falbkatzen zähmten und zu Haustieren machten. Zahme Katzen kamen bald auch bei den Römern und anderen Völkern in Mode. Über den Mittelmeerraum verbreiteten sich die Katzen bis nach Nordeuropa und eroberten auf ihren Samtpfoten schließlich die ganze Welt.

## Langhaar oder Kurzhaar?

Hauskatzen werden durch die Fell-Länge unterschieden. Die Langhaarkatzen, auch Angorakatzen genannt, haben ein langes, seidiges Fell. Das Fell der Kurzhaarkatzen ist kurz und dicht. Dann gibt es noch Halblanghaarkatzen wie die Birmakatze oder die amerikanische Maine Coon.

Wenn du dich für eine Langhaarkatze entscheidest, musst du viel Zeit für die Fellpflege einplanen! Ungekämmtes Fell sieht nicht nur ungepflegt aus, sondern kann, wenn es stark verfilzt ist, auch zu Entzündungen und Ausschlag auf der Haut führen. Langhaarkatzen sollten deshalb täglich gebürstet oder gekämmt werden.

## Woher bekommst du deine Katze?

**Aus dem Tierheim**: Hier warten unzählige Katzen, Kater und Katzenkinder sehnsüchtig auf ein neues Zuhause. Tierheimkatzen sind geimpft und entwurmt. Das wird zusammen mit einer tierärztlichen Untersuchung schon im Tierheim erledigt. Die Kosten liegen bei ungefähr 150 Euro, die zahlt der Käufer.

**Aus privater Hand:** Vielleicht gibt es Katzennachwuchs bei Nachbarn oder Freunden. Auch wenn kein Kaufpreis anfällt, müssen Tierarztkosten von etwa 100 Euro für Impfungen und Entwurmungen eingeplant werden.

**Vom Züchter:** Rassekatzen mit Stammbaum und Papieren bekommt man bei Zuchtverbänden (siehe auch Seite 30). Vorsicht vor Züchtern, die keinem Verband angehören! Da sie nicht kontrolliert werden, halten sie sich nicht immer an Gesundheits- und Impfvorschriften. Die Preise für Rassekatzen sind unterschiedlich: von 300 bis 1 000 Euro.

## Achtung, Allergie!

Vor der Anschaffung einer Katze unbedingt klären, ob in der Familie jemand allergisch ist! Unzählige Katzen landen schon nach kurzer Zeit im Tierheim, weil ihre Besitzer bestimmte Eiweißstoffe im Katzenspeichel nicht vertragen. Diese Stoffe werden auf die Katzenhaare übertragen, wenn sich das Tier putzt.

## Katze oder Kater?

Kater sind größer und schwerer als Katzen. Sie sollten kastriert werden, weil sie sonst eher ruppig sind und ihr Revier durch Verspritzen von Urin markieren. Ebenso wichtig ist es, die Katze kastrieren zu lassen. Sind Katze und Kater kastriert, können sie auch gut zusammen gehalten werden.

## Allein oder zu zweit?

Katzen sind zwar recht unabhängige Tiere, aber keine Wohnungskatze ist gern stundenlang allein! Vor allem für junge Katzen ist das nicht gut. Zu zweit macht vieles mehr Spaß, doch auch im Duo sollten Katzen nicht den ganzen Tag allein gelassen werden. Geschwister aus einem Wurf kommen in der Regel gut miteinander zurecht. Auch eine ältere Katze gewöhnt sich meist an eine junge Katze, die später dazukommt. Konflikte kann es geben, wenn zwei erwachsene Katzen aufeinandertreffen.

## Die Sinne der Katze

### Fantastisches Katzenauge

Vor allem in der Dämmerung sieht eine Katze viel mehr als wir. Das liegt an der besonderen Pupille, die sich fast um das Doppelte weiten kann und dadurch sechsmal mehr Licht einlässt als das menschliche Auge. Bei Helligkeit sind Katzenpupillen nur ein schmaler Schlitz. In der Dunkelheit werden sie kreisrund.

Außerdem haben Katzen auf einem Teil des Augenhintergrunds besondere Zellen, Tapetum lucidum genannt. Wie ein Spiegel fangen sie auch noch den schwächsten Lichtstrahl ein und reflektieren ihn.

Wusstest du, dass Katzen Farben nicht so gut unterscheiden können wie wir Menschen, aber trotzdem nicht farbenblind sind? Rot erkennen sie am besten, gefolgt von Gelb und Grün. Auf Blau reagieren sie am schwächsten.

### Feine Ohren

Katzenohren hören mehr als doppelt so scharf wie Menschenohren. Sie nehmen sogar noch leiseste Töne wahr, die bereits im Ultraschallbereich liegen. Und weil die Katzenohren sehr beweglich sind, können sie wie Radarantennen die Geräuschquelle genau orten.

## Die Schnurrhaare

Katzen besitzen Tasthaare, auch Vibrissen
genannt. Die auffälligsten sind die Schnurr-
haare am oberen Teil der Schnauze. Sie helfen der Katze, sich selbst bei völliger Dunkelheit zu orientieren und verraten ihr zum
Beispiel, ob Hindernisse im Weg sind oder
wie ein Beutetier vor ihr liegt. Katzen achten darauf, ihre Beute nicht gegen den Fell-
oder Federstrich zu verspeisen – dann lässt
sie sich besser schlucken. Noch mehr Tasthaare sitzen über den Augen und an den
Rückseiten der Vorderpfotengelenke.

## Der Gleichgewichtssinn

Katzen können ausgezeichnet balancieren,
auch auf schmalen Wegen. Ein angebore-
ner Reflex schützt sie, wenn sie abstürzen:
Beim Fallen drehen sie sich aus fast jeder
Position in Bauchlage und kommen mit ausgestreckten Beinen auf allen vier Pfoten auf
dem Boden an. Dabei steuern sie mit dem
Schwanz. Das klappt nur, wenn die Fall-
höhe nicht zu gering ist. Stürze von einem
Dach oder einem hoch gelegenen Balkon
sind aber auch für Katzen lebensgefähr-
lich!

# Die wichtigsten Verhaltensweisen

## Beobachten

Katzen können lange Zeit nahezu unbeweglich auf einen Fleck starren. Menschen finden das vielleicht langweilig. Katzen ganz und gar nicht! Wie ihre wild lebenden Vorfahren späht eine Katze auf diese Weise ihre Beute aus und beobachtet sie – selbst wenn sie sich auf der anderen Seite der Fensterscheibe befindet.

## Pirschen

Lautloses Anschleichen an die Beute gehört ebenfalls zum wilden Katzenerbe. Beim Spielen trainiert die Katze diese Technik: Geduckt und mit vorgestrecktem Kopf pirscht sie sich an das Spielzeug heran, der ganze Körper signalisiert gespannte Aufmerksamkeit. Für Katzen, die sich draußen aufhalten dürfen, werden auch schon mal Mäuse, Vögel, Käfer und Fliegen zur Beute.

## Jagen und Spielen

Spielen ist für Hauskatzen ein Jagdersatz. Vor allem in der Dämmerung, wenn für ihre wild lebenden Verwandten und für Freigänger (so heißen Katzen, die draußen umherstreifen dürfen) die Zeit der Jagd beginnt, werden Katzen munter. Anpirschen, die Beute packen und die Luft schleudern, mit den Pfoten hin- und hertreiben, unter ein Möbelstück schubsen, wieder hervorangeln ...

## Geschenk für dich!

Katzen, die draußen umherstreifen, bringen manchmal Beute mit nach Hause. Es kann sein, dass du eines Tages eine tote Maus auf der Türschwelle, unter dem Bett oder irgendwo in der Wohnung findest. Die hat deine Katze dort abgelegt. Und zwar nicht, um dich zu ärgern, sondern als Zeichen besonderer Wertschätzung – ein Geschenk nach Katzenart.

## Schlafen und Dösen

Fast zwei Drittel des Tages verbringt eine Katze mit Ausruhen. Sie schläft aber nicht die ganze Zeit tief und fest, sondern döst manchmal auch nur leicht vor sich hin. Dann bekommt sie immer noch mit, was in ihrer Umgebung vor sich geht, und ist bei einem alarmierenden Geräusch sofort auf den Beinen.

## Putzen

Katzen sind sehr reinliche Tiere. Bei der täglichen Körperpflege lecken sie sich mit ihrer rauen Zunge das Fell. So werden Schmutz und Staub entfernt und die Talgdrüsen an den Haarwurzeln angeregt, Fett zu produzieren. Das ist wichtig, damit das Fell nicht nur schön glänzt, sondern auch möglichst wasserabweisend wird. Katzen waschen sich auch ihr Gesicht, indem sie ihre Pfoten mit Speichel befeuchten und sich damit über Kopf und Ohren fahren.

### Flehmen

Manchmal überrascht eine Katze mit einem seltsamen Gesichtsausdruck: Das Maul ist geöffnet, die Oberlippe hochgezogen, die Katze verharrt unbeweglich und sieht sehr konzentriert aus – sie flehmt. Das bedeutet, sie nimmt einen besonders interessanten Duft wahr. Katzen verfügen nicht nur über einen Geruchs- und Geschmackssinn, sondern über einen chemischen Sinn, der dazwischen liegt. Dank eines besonderen Organs, dem Jacobson'schen Organ im Nasenhintergrund, können sie mit geöffnetem Maul und entblößten Zähnen Düfte einfangen, insbesondere Pheromone. Das sind Sexualduftstoffe, die besonders anziehend wirken. Katzen flehmen meistens dann, wenn sie den Duft einer anderen Katze wahrnehmen.

> ## Das solltest du wissen:
>
> Eine Katze kann bis zu 20 Jahre alt werden. Wenn so ein Stubentiger ins Haus kommt, bleibt er für lange Zeit – er ist ein neues Familienmitglied.

### Köpfchen geben

Das ist die Begrüßungsgeste der Katzen untereinander: Sie berühren sich gegenseitig mit den Köpfen. Wenn du nach längerer Abwesenheit nach Hause kommst, wird deine Katze auch dich so begrüßen und vielleicht ihren Kopf an deinem Bein reiben. Damit zeigt sie dir, dass sie dich mag und dass du ihr gefehlt hast.

### Miauen

Mit einem freundlichen, leisen Gurren sagen sich Katzen untereinander „Hallo!", und auch mit ihrem Menschen sprechen sie auf diese Weise.

Ein deutliches Miauen bedeutet meist, dass die Katze etwas Bestimmtes will. Vielleicht ist es Zeit, den Futternapf zu füllen, oder sie möchte endlich nach draußen. Was dir deine Katze sagen will, erfährst du durch geduldige Beobachtung – bald wirst du ihre Sprache verstehen!

## Check: Passt eine Katze zu mir?

1. Ich bin eher ein ruhiger Typ. (a)
2. Ich bin fast nie zu Hause. (b)
3. Ich bekomme immer gleich ein Kratzen im Hals und tränende Augen, wenn ich eine Katze streichele. (b)
4. Ich kann täglich mindestens eine Stunde zum Spielen einplanen. (a)
5. Ich möchte mein Haustier dressieren. (b)
6. Ich beobachte gern. (a)
7. Ich höre oft laute Musik. (b)
8. Ich bin ein quirliger Typ und immer in Bewegung. (b)
9. Ich bin geduldig und eher zurückhaltend. (a)
10. Ich weiß nicht, ob ich mich jahrelang um ein Haustier kümmern kann. (b)
11. Ich mag es, wenn eine Katze mit mir schmusen will. (a)
12. Ich möchte mit meinem Haustier spazieren gehen. (b)

**Nur a angekreuzt?** Beste Voraussetzungen für eine liebevolle Katzenfreundschaft!

**Mehr b als a?** Du solltest noch einmal überlegen, ob eine Katze das richtige Tier für dich ist. Vorsicht vor allem bei Punkt 3: Wenn das zutrifft, deutet alles auf eine Katzenhaarallergie hin (siehe auch S. 6).

**Nur Antworten mit b?** Bitte keine Katze anschaffen – keiner von euch wird sich wirklich wohlfühlen.

# Ein Platz für wilde Katzen

## Stubentiger ...

Die Katze fühlt sich auch in der Wohnung wohl, wenn die nicht allzu klein ist. Überall will sie herumstreifen, alles will sie beobachten, beschnüffeln und durchwühlen. Die Katze in der Wohnung verlangt: „Alle Türen öffnen!" Dann wandert sie gern von einem Zimmer zum anderen.

## ... oder Freigängerin

Für die Katze, die nach draußen darf, ist das Leben spannender. Sie trifft andere Katzen, und es gibt viel zu entdecken. In einem geschlossenen Innenhof oder einer ruhigen Umgebung ist es nicht gefährlich. Sind Straßen in der Nähe? Dann überleg dir gut, ob du die Katze nach draußen lassen willst. Tiere können den Straßenverkehr nicht einschätzen und geraten schnell unter die Autos. Und noch ein Tipp: Die Freigängerin darf nur ein Halsband tragen, das sich von selbst öffnet, wenn sie irgendwo hängen bleibt.

## Vorsicht, Fallen!

- Eine große Gefahr sind Kippfenster. Die Katze kann mit dem Kopf oder Körper eingeklemmt werden und kann sich dann nicht mehr befreien.
- Am offenen Fenster und auf dem Balkon muss ein Katzennetz sein. Es bewahrt die Katze vor dem Absturz.
- Die Katze ist ein sehr neugieriges Tier. Wo es nur geht, kriecht sie bestimmt hinein. Waschmaschine, Trockner, Schubladen, Schränke – alles ist verlockend. Immer nachsehen, ob sich die Katze nicht dort versteckt hat.
- Wo ist die Katze? Sie schlüpft vielleicht noch schnell durch die Tür, die gerade geschlossen wird, und könnte eingeklemmt werden.
- Besonders gefährlich sind Plastiktüten. Die Katze erkundet das Innere, findet nicht mehr heraus und könnte ersticken. Keine Tüten liegen lassen!

## Weitere Gefahrenquellen sind:

Kakteen und giftige Zimmerpflanzen, Putzmittel, Medikamente, Chemikalien, offene Toilette, Badewanne mit Wasser, heiße Herdplatten, brennende Kerzen.

## Was die Katze braucht

Am wichtigsten für die Katze sind die Plätze zum Schlafen und zum Ausruhen, am liebsten hat sie einen Platz in jedem Raum! Schön weich und gemütlich soll er sein, ein richtiger **Ort zum Zurückziehen: eine Kiste**, ein **Körbchen**, eine **Kuschelhöhle**, gerne auch erhöht gelegen. Es kann aber sein, dass die Katze nach ein paar Wochen einen neuen Lieblingsplatz sucht. Das entscheidet sie selbst.

Ein **Kratzbaum** muss sein oder ein **Kratzbrett** für die Wand. Da haut die Katze ihre Krallen in den rauen Stoff, um sie zu wetzen. Dabei streckt sie sich lang aus und zeigt, dass sie die Größte ist! Gleichzeitig markiert sie auch ihr Revier. Der Kratzbaum muss so hoch sein, dass es für die Katze mit ausgestreckten Vorderbeinen reicht. Und er darf nicht kippen, sondern muss ganz sicher stehen.

Wenn es zum Tierarzt geht, kommt die Katze in eine **Transportbox**. Das ist ein stabiler Kunststoffkasten mit einem gut verschließbaren Gittertürchen. Die Transportbox wird mit einer weichen, leicht waschbaren Decke ausgepolstert.

Fast jede Katze hat es gern, wenn sie sanft gebürstet wird. Ein besonderer **Katzenkamm**, den es im Zoofachhandel gibt, säubert und pflegt das Fell.

Und natürlich braucht die Katze auch unbedingt einen **Futter-** und einen **Trinknapf**. (Siehe auch Seite 18.)

### Check: Hast du alles?

- Katzenkörbchen oder Kuschelhöhle
- Kratzbaum oder Kratzbrett
- Katzenklo
- Transportbox
- Spielzeug
- Bürste und Kamm
- Futter- und Trinknapf

## Das Katzenklo

Der richtige Platz für das Katzenklo ist ein ruhiger Raum, zu dem die Katze immer Zugang hat, am besten in einer Ecke. Und natürlich nicht neben den Futternäpfen, das mag die Katze nicht. Wenn du zwei oder noch mehr Katzen hast, braucht jede Katze ihr eigenes Klo.

## Das Katzenklo säubern

Das Katzenklo aus Hartplastik ist leicht zu reinigen. Als Einstreu nimmst du am besten Klumpstreu aus Naturmaterial, die die Feuchtigkeit gut aufsaugt. Katzenkot und die feuchten Klumpen entfernst du immer gleich. Dafür gibt es kleine Schaufeln, aus denen die noch trockene Streu wieder herausfällt. Die gesamte Streu wird ungefähr einmal in der Woche erneuert, bei Klumpstreu auch seltener.

# Spielen und das Zeug zum Spielen

Die Katze mag Abwechslung und immer wieder Neues. Gerade für eine Wohnungskatze ist Beschäftigung mit ihrem Menschen ganz wichtig. Zum Katzenspielzeug wird vieles, was du zu Hause findest, es darf nur nicht so klein sein, dass die Katze es verschlucken kann. Du kannst für sie Spielzeug basteln.

## Korkenmaus

Sektkorken sind durch ihre Pilzform gut geeignet: Einfach ein langes Band an der dünnsten Stelle fest verknoten, den Korken über den Boden ziehen und hüpfen lassen – und die Katze kann auf Korkenmausfang gehen.

## Flatterband

Mehrere etwa einen Zentimeter breite und etwa 50 Zentimeter lange farbige Bänder befestigst du am Ende eines dünnen Holzstocks. Wenn du sie über den Boden ziehst, versucht die Katze sie zu packen.

## Kartonversteck

Katzen sind an Päckchen und Kartons sehr interessiert. Du schneidest an einer Stelle am unteren Rand einen Eingang in den Karton, groß genug für deine Katze. Die Katze wird kommen und sich genauer ansehen wollen, was im Innern steckt. Vom Karton aus startet sie auch gern Angriffe.

## Gefüllter Karton

Du stellst der Katze den Karton mit der Öffnung nach oben hin, füllst ihn vorher locker mit Papierfetzen und -knäueln. Es wird nicht lange dauern, und die Katze springt in den Karton und wühlt und kratzt und zerfleddert den Inhalt. Zum Zerfetzen ist bei Katzen auch Wellpappe sehr beliebt.

## Balancierseil

Im Baumarkt oder in einer Seilerei kaufst du ein richtig dickes Tau. Das befestigst du an zwei Stellen mit Wandhaken in etwa 50 Zentimeter Höhe, sodass es etwas durchhängt. Darauf kann die Katze balancieren und hangeln.

### Strumpfball

In einen alten Strumpf stopfst du einen Tennisball. Den Strumpf verknotest du am Ende. Wenn du ihn wirfst oder wegkickst, springt er ungleichmäßig – sehr interessant für die Katze.

### Kuller-Ei

Die Katze findet alles gut, was sich ungleichmäßig bewegt. In ein Plastik-Ei ganz vorsichtig ein Loch bohren, Trockenerbsen oder Reiskörner einfüllen, das Loch mit Klebeband verschließen und das Ei über den Boden rollen.

### Federwisch

Mach dich draußen auf die Suche nach Vogelfedern, die liegen oft an Teichen. Wenn du etwa fünf bis sechs gefunden hast, bindest du sie mit einem Bindfaden zusammen und befestigst das Fadenende an einem Stock.

### Raschel-Röhre

Eine Pappröhre vom Haushaltspapier ist auch ein feines Spielzeug. Gefüllt mit Trockenerbsen, an beiden Seiten mit Paketklebeband verschlossen, wird sie über den Boden gerollt.

### Leckerchen-Röhre

In eine Pappröhre vorsichtig ein Loch bohren, gerade noch groß genug, dass kleine Leckerchen hindurchfallen können. Leckerchen einfüllen, aber nicht zu viele, die Röhre an beiden Seiten verschließen – und losrollen.

### Noch mehr Ideen

Ein Frühstücksspiel: Zusammengeknüllte Brötchentüten über den Boden rollen.
Papierflieger falten – und fliegen lassen!
Im Dunkeln den Lichtpunkt einer Taschenlampe über den Boden flitzen lassen. Es gibt im Zoofachhandel für Katzen kleine Lämpchen mit rotem Punkt. Du darfst aber die Katze nie direkt damit anleuchten!

# Eingewöhnung

## Willkommen zu Hause!

Manche Katzen sind zutraulich, andere scheu. Zu welchem Typ deine Katze gehört, kannst du durch Beobachten und anhand der Checkliste feststellen.

Den ersten Kontakt stellst du her, indem du deine Katze immer wieder leise bei ihrem Namen rufst. Vielleicht reagiert sie schon und kommt näher. Nicht gleich streicheln! Erst beschnuppern lassen, zum Beispiel die Hand vorsichtig hinhalten. Versteckt sich die Katze, versuch sie mit Futter anzulocken.

Sei nicht enttäuscht, wenn es nicht gleich klappt! Gib der Katze Zeit, sich an ihr neues Zuhause zu gewöhnen. In den folgenden Tagen wird sie alles erkunden und ihre Lieblingsplätze entdecken.

## Check: Wie scheu oder zutraulich ist meine Katze?

### Ängstliche Katze

Versteckt sich, erschrickt leicht bei plötzlicher Bewegung und lauten Geräuschen, lässt sich nicht anfassen, duckt sich weg vor der Hand.

### Selbstsichere Katze

Erforscht sofort die neue Umgebung, lässt sich anlocken, streicheln, nimmt Leckerbissen aus der Hand, zeigt wenig Scheu.

### Schwierige Katze

Kaum an Menschen gewöhnt, kratzt oder beißt, wenn man sie anfassen will.

Mit einer selbstbewussten und neugierigen Katze gibt es kaum Probleme. Für ängstliche oder kratzbürstige Tiere gilt: Geduldig abwarten und den Kontakt anbieten, aber nie aufzwingen!

# Katzensprache

Hast du eine Katze schon mal schnurren hören? Das klingt, als würde ein kleiner Motor laufen, und ist ein Zeichen großen Behagens. Katzen schnurren aber auch bei Stress, um sich auf diese Weise zu beruhigen. Ein lautes Fauchen bedeutet, dass die Katze wütend ist. Darüber hinaus drücken Katzen mit ihrer Körpersprache und ihrem Gesichtsausdruck aus, wie sie sich fühlen.

**Mit dem Köpfchen am Bein des Menschen reiben:** Zeichen der Zuneigung, aber auch Aufforderung zu mehr Aufmerksamkeit – zum Beispiel, weil der Futternapf leer ist.

**Milchtritt:** Katzenbabys treten mit ihren Pfötchen gegen das Gesäuge der Mutter, um die Milchproduktion anzuregen. Wenn erwachsene Katzen treteln, ist das ein Zeichen, dass sie sich bei ihrem Menschen gerade sehr wohlfühlen.

**In Rückenlage ausgestreckt, den Bauch zeigend:** Die Katze fühlt sich rundum wohl und hat großes Vertrauen

**Ohren nach vorn gerichtet:** Sie ist aufmerksam und konzentriert.

**Ohren zeigen flach zur Seite:** Die Katze fühlt sich unwohl, ist abwehrbereit.

## Richtig hochheben und tragen

Nie am Nackenfell hochheben! Das tut der Katze weh. Nur kleine Kätzchen werden von ihrer Mutter im Nacken gepackt und getragen, wobei sie in eine Tragstarre fallen. Du hebst sie am besten mit einer Hand unter dem Bauch an und stützt mit der anderen Hand das Hinterteil.

**Ohren nach hinten angelegt, Augen zu Schlitzen verengt, Fauchen:** Achtung, die Katze steht kurz vor dem Angriff!

**Schwanz erhoben:** Sie ist munter, in Spiellaune, selbstbewusst.

**Schwanz hängt locker herunter:** Zeichen für ausgeglichene, neutrale Stimmung.

**Schwanz schwingt hin und her:** Anzeichen für Nervosität. Je heftiger der Schwanz hin- und herpeitscht, desto verärgerter und aggressiver ist die Katze.

**Nur die Schwanzspitze zuckt:** Eine Warnung: Lass mich in Ruhe, ich bin genervt.

# Vom Futter und vom Fressen

## Katzengeschirr

Die Katze braucht einen Futternapf und eine Wasserschüssel. Sie sollten an verschiedenen Stellen stehen, denn in der Natur ist die Wasserstelle ja auch nicht gleich neben der Beute. Wo mehrere Katzen wohnen, bekommt jede ihr eigenes Futtergeschirr. Das kann aus Porzellan, Keramik, Hartplastik oder Edelstahl sein. Es muss nur sicher stehen. Am besten wird es auf einem Plastikset abgestellt, denn Katzen fressen nicht so manierlich, dass nicht doch ab und zu etwas aus den Näpfen kleckert.

## Katzenmahlzeit

Katzen sind sehr wählerisch! In der Natur sind Katzen vor allem Fleischfresser. Wie schmeckt eigentlich Maus? Ganz bestimmt zart, frisch, angenehm warm und vielseitig. Fertigfutter ist für unsere Hauskatzen der Ersatz. Es gibt Katzen, die nur ein ganz bestimmtes Futter oder eine Sorte bevorzugen. Das wird deine Katze dir dann schon zeigen.

Wasser steht immer frisch bereit. Jeden Tag spülst du den Napf mit klarem, heißen Wasser aus und füllst ihn neu.

## Gras für Katzen?

Warum fressen Katzen Gras? Wahrscheinlich, weil sie nach dem Fressen von Gras leichter Haarballen wieder herauswürgen können, die sie beim Fellputzen verschluckt haben. Die Freigänger unter den Katzen finden es draußen. Für deine Wohnungskatze säst du es aus. Die Samenmischung kannst du kaufen, oder du nimmst Getreidekörner und Vogelfutter, zum Beispiel für Wellensittiche. Die streust du auf feuchtem Küchenpapier in einer Schale aus und hältst sie immer gut feucht, aber nicht patschenass. Bald wachsen die ersten Sprossen.

# Fertigfutter

Nassfutter aus der Dose soll etwa 70 Prozent Fleisch enthalten. Keinen Zucker! Das ist schädlich für die Katzenzähne und für die ganze Verdauung. Ob es hochwertiges Futter ist, lässt sich daran erkennen, wie viel die Katze davon täglich bekommen soll. Das steht auf der Dose. Von gutem Futter braucht eine ausgewachsene Katze mit normalem Gewicht nur ungefähr 200 Gramm am Tag, nicht mehr. Nassfutter aus der Dose soll etwa 70 Prozent Fleisch enthalten.

Beim Trockenfutter solltest du darauf achten, dass auf der Packung an erster Stelle „Trockenfleisch" oder „Fleischmehl" steht. Das bedeutet, dass im Futter davon am meisten enthalten ist. Katzenfutter enthält fast immer auch Getreide. Der Anteil sollte nicht so hoch sein. Katzen würden es in der Natur nicht fressen, sie sind Fleischfresser. Bekommt die Katze nur Trockenfutter, muss sie viel Wasser trinken!

Wie viel Futter die Katze insgesamt bekommt, hängt davon ab, was für eine Katze du hast, ob sie von Natur aus schlank und schmal oder etwas größer ist. Außerdem davon, wie viel sie sich bewegt, ob sie draußen viel herumstrolcht, mit anderen Katzen tobt oder ob sie zu den ruhigen Sofakatzen gehört.

# Nicht aufgefressen?

Trockenfutter kann den ganzen Tag im Napf liegen bleiben. Bei Nassfutter ist das anders: Was die Katze nach einer Stunde nicht gefressen hat, kommt in den Müll, weil es schon antrocknet. Der Napf wird nur mit klarem, heißen Wasser ausgespült. Nassfutter aus der Dose wird in Vorratsbehälter umgefüllt und im Kühlschrank aufbewahrt. Es wird zwei- oder auch dreimal täglich in kleinen Portionen verfüttert. Kommt es aus dem Kühlschrank, muss es erst etwas angewärmt werden.

Bei Freigängerkatzen ist es gut, wenn sie zu regelmäßigen Zeiten gefüttert werden. Dann kommen sie oft schon rechtzeitig vom Ausflug zurück.

# Das ist verboten!

- Rohes Schweinefleisch und roher Schinken
- Rohe Eier
- Zwiebeln, Knoblauch, Schnittlauch
- Süßigkeiten aller Art, vor allem Schokolade, die ist tödlich für Katzen
- Milch
- Weintrauben und Rosinen

# Die Katze und ihr Mensch

## Nur keine Langeweile!

Katzen sind gern mit ihrem Menschen zusammen und lassen sich zum Spielen auffordern. Nicht nur mit Bällchen, Stoffmäuschen, Quietschfrosch und selbst gebasteltem Spielzeug, sondern auch mit Verstecken, Lauern, Anspringen – Überfall!

## Gute Aussichten

Die Katze hat gern den Überblick. Wenn es möglich ist, springt sie auf einen Schrank, hockt sich hin und sieht auf ihre Menschen herab. Es gefällt ihr, wenn für sie in luftiger Höhe Plätze eingerichtet werden, hier eine Decke in der oberen Reihe des Bücherregals, da ein Kissen auf der Heizung. Sie braucht aber immer eine Möglichkeit, stufenweise wieder herunterzukommen. Wenn sie abspringt, kann sie sich verletzen.

## Vorliebe für bestimmte Menschen

Warum geht die Katze bisweilen ausgerechnet zu dem Menschen, der Katzen nicht mag? Weil diese Menschen sie nicht belästigen, nicht dumm anquatschen, nicht aufdringlich anstarren und nicht ungefragt streicheln – sie also einfach in Ruhe lassen. Dann entscheidet die Katze: Hier bleibe ich!

## Schmollende Katze

Hast du deine Katze beleidigt? Sie will dann nichts mehr von dir wissen. Sie schaut dich nicht einmal an, sondern starrt in die Gegend oder an die Zimmerdecke. Warum macht sie das? Hast du sie nicht beachtet, als sie dich begrüßt hat? Hat sie ein anderes Futter bekommen? Ist ihr Klo nicht sauber?

## Katzenprotest

Im schlimmsten Fall tut die Katze etwas, das ihren Menschen wirklich ärgert. Aber sie tut das nicht absichtlich. Sie zeigt damit, dass sie sich unwohl fühlt und dass es so nicht geht. Dann kommt es vor, dass sie in die Wohnung pinkelt. Das stinkt. Vertragt euch schnell wieder! Alles soll wieder so sein, wie die Katze es gern hat.

## Katze im Bett?

Fast jede Katze kommt gern ins Bett ihres Menschen. Manchmal schleicht sie sich heimlich hinein, wenn er tief und fest schläft. Eine Katze kann sich ziemlich breitmachen – und schwer dazu! Aber es kann auch sehr gemütlich sein mit ihr.
Eine Wohnungskatze wird kaum dreckig sein. Freigänger hinterlassen schon mal Spuren und erdige Pfotenabdrücke. Wenn es deine Eltern nicht erlauben, bleibt die Tür zum Schlafzimmer einfach zu.

## Schmusestunde

Wenn die Katze gestreichelt werden will, kommt sie von selbst zu dir. Die eine Katze wird gern unter dem Kinn gekrault, die andere am Bäuchlein. Die Katze hat Zärtlichkeit sehr gern, und dann wird sie wirklich zur Samtpfote. Und wenn sie genug hat, geht sie einfach weg.

## Alles neu

Mitgebrachte Gegenstände sind für die neugierige Katze eine Herausforderung. Wenn der Postbote ein Päckchen abliefert, wenn der Mensch vom Einkaufen kommt, wenn ihm etwas geschenkt wird – die Katze ist immer dabei: Was hast du da? Es ist gerade für die Wohnungskatze ein Vergnügen, wenn ihr von draußen etwas mitgebracht wird. Mal ein Ast mit Blättern, mal ein Stein, eine Handvoll Sand, Federn, frische Gräser. Sie wird die Mitbringsel genau beschnüffeln.

## Spielzeugtausch

Hat die Katze Spielzeug, freut sie sich, wenn Altes öfter mal gegen Neues ausgetauscht wird. Da gibt es doch wieder etwas zu entdecken! Aber nicht zu viel auf einmal anbieten, lieber weniger Spielzeug, und das öfter wechseln.

## Bitte nicht stören!

Liegt die Katze ruhend, vielleicht noch mit untergeschlagenen Vorderpfoten und mit ganz oder halb geschlossenen Augen auf ihrem Platz, zeigt sie: Ich will jetzt nicht gestört werden. Nein, auch nicht gestreichelt, so schön das sonst ist. Da kann es schon vorkommen, dass die Katze die Pfote hebt und haut, wenn das jetzt nicht respektiert wird. Sie mag es auch gar nicht, wenn sie aufdringlich angestarrt wird.

## Sprechende Katze

Wenn eine Katze etwas will, kann sie sich sehr laut bemerkbar machen. Dann maunzt sie, aber wie! Ist zu wenig Futter im Napf? Will sie in den Garten? Hat ihr Mensch verstanden, was sie sagen will, läuft sie mit einem sanften Gurren schon mal vorneweg. Es gibt sehr redselige Katzen, die auf alles mit Maunzen, Miauen, Brummen, Grummeln antworten, was ihr Mensch sagt. Katzen finden es gut, wenn ihr Mensch mit ihnen auch gurrend und leise spricht.

## Lässt sich die Katze erziehen?

Gern lässt sich eine Katze nichts sagen! Sie weiß besser, was für sie gut ist. Wenn die Katze etwas Bestimmtes nicht machen soll, gibt es Möglichkeiten, ihr das abzugewöhnen. Das kann zum Beispiel ein scharf gesprochener, zischender Laut sein, wenn sie versucht, sich an der Gardine hochzuhangeln. Leichter ist es aber, die Katze zu einem gewünschten Verhalten zu bringen, indem sie gelobt wird, wenn sie dieses Verhalten zeigt und dann auch noch ein Leckerchen bekommt. Aber so erziehen wie einen Hund, der „Sitz" macht und Pfötchen gibt, kannst du deine Katze nie.

### Das macht meine Katze am liebsten:

- Spiele mit Bällen und allem, was rollt
- Papier zerfetzen
- Kartons und Pakete untersuchen
- Sich verstecken und lauern und dann heranspringen
- Schlafen
- Kuscheln und sich kraulen lassen
- Dösen
- Erhöht sitzen und beobachten
- Durch die Wohnung rennen
- Herumwandern und schnuppern
- Sich putzen
- Auf den Schrank oder das Regal springen
- Auf dem Balkon sitzen
- Draußen herumstrolchen
- Spazieren gehen
- Auf dem Sofa sitzen

Je mehr Zeit du mit deiner Katze verbringst, desto besser lernst du sie kennen. Du findest heraus, was ihr gefällt und was sie gar nicht mag. So werdet ihr sicher bald Freunde, die sich gut verstehen.

# Beim Tierarzt

Wenn du deine Katze kennst, wirst du sicher gleich sehen, ob es ihr gut geht oder nicht. Eine kranke Katze muss zum Tierarzt oder zur Tierärztin.

## Check: So sieht eine gesunde Katze aus

- Glänzendes Fell
- Keine kahlen oder entzündeten Stellen
- Klare Augen, nicht verklebt
- Saubere Ohren, Katze reagiert auch auf leise Geräusche
- Kein Übergewicht (kein Hängebauch, die oberen Rückenwirbel sind zu ertasten), aber auch nicht abgemagert
- Rosiges Zahnfleisch
- Keine Ablagerungen an den Zähnen

## Check: Woran du erkennst, dass die Katze krank ist

- Sie verhält sich nicht wie sonst immer.
- Sie blinzelt oder die Augen tränen, sie niest viel oder sie hat eine trockene, warme Nase.
- Sie bewegt sich wenig oder nicht so wie sonst.
- Sie mag nicht spielen.
- Sie putzt sich kaum.
- Sie trinkt oder frisst nicht.
- Sie geht häufig auf ihr Katzenklo.
- Sie maunzt weinerlich.

## Krankentransport

Viele Katzen verbinden ihren Transportkä-
fig mit etwas Unangenehmem und gehen
nicht freiwillig hinein. Sie sträuben sich mit
allen vier Pfoten und zwanzig ausgefahre-
nen Krallen. Da hilft es, die Katze vorsichtig
auf den Arm zu nehmen und mit sicherem
Griff in ein Handtuch zu wickeln. So kann
sie sich nicht mehr kratzend wehren. Sofort
in den Korb setzen und das Handtuch wieder wegnehmen.
Dann geht es auf dem schnellsten Weg zum
Tierarzt. Trotzdem kann es sein, dass da
ein laut und kläglich maunzender Korb hin-
getragen wird.

## Achtung, Piekser!

Bei den notwendigen Impfungen ist die
Grundimmunisierung für Katzenkinder vor-
gesehen. Dann folgen die erste oder auch
noch zweite Impfung und schließlich die
Auffrischungen. Wie der Tierarzt oder die
Tierärztin impft, hängt davon ab, welche
Katze behandelt wird: eine reine Wohnungskatze, eine Freigängerin oder auch
eine Katze, die mit anderen Katzen zusam-
mentrifft. Es gibt Impfungen gegen Katzen-
schnupfen, Katzenseuche, Tollwut, Katzen-
leukose und FIP, die Bauch- und Brust-
fellentzündung der Katzen.

## Bäh, Tabletten!

Die Katze muss regelmäßig entwurmt werden, die Freigängerin häufiger als die Wohnungskatze. Entwurmt wird meist mit Ta-
bletten. Es kann aber sehr schwer sein,
einer Katze eine Tablette zu verabreichen.
Sie spuckt sie aus, rührt sie gar nicht erst
an, macht sogar um das feinste Leckerchen
einen Bogen, wenn darin die Tablette versteckt ist. Klappt es mit diesen Tricks also
nicht, bleibt nur noch, vorsichtig rechts und
links neben dem Mäulchen zu drücken, um
es zu öffnen und ihr die Tablette hinten auf
die Zunge zu legen. Dann musst du ihr das
Mäulchen zuhalten, bis sie die Tablette ge-
schluckt hat. Sie kann aber auch beim Tierarzt eine Spritze bekommen oder ein Mittel
zum Auftragen auf den Nacken.

# Katzenkinder

## Wenn Nachwuchs unterwegs ist

Ist eine Katze paarungsbereit, wird sie sehr unruhig und rollt sich auf dem Boden hin und her. Sie ist „rollig" und will unbedingt nach draußen. Vor allem, wenn ein Kater in der Nähe ist! Hast du eine schon erwachsene Katze, die nicht kastriert ist und draußen herumstreifen darf, kann es passieren, dass sie trächtig wird. Katzen können schon im Alter von etwa neun Monaten das erste Mal Junge bekommen – und das bis zu drei Mal im Jahr. Deshalb sollte der Tierarzt deine Katze auf jeden Fall kastrieren!

## Die Wurfkiste

Die Tragzeit dauert ungefähr 65 Tage, dann kommen drei bis sechs Katzenkinder zur Welt. Zur Geburt brauchen Katzen einen ruhigen Platz, an den sie sich zurückziehen können. Das kann ein stabiler Pappkarton sein, der mit einer dicken Schicht Zeitungspapier, Baumwolltüchern oder einer alten Decke ausgepolstert wird.

## Die Katzenbabys

Die neugeborenen Kätzchen sind nur 110 bis 120 Gramm schwer. Sie haben schon ein Fell, aber ihre Augen sind noch geschlossen. Sie finden blind die Milchzitzen der Mutter.

## Trinken, Schlafen, Wachsen

Nach etwa zehn Tagen öffnen die kleinen Kätzchen ihre Augen – sie sind noch blau, ändern ihre Farbe aber im Laufe der nächsten drei Monate. Pro Woche nehmen die Kleinen jetzt rund 100 Gramm zu. Nach zehn bis zwölf Wochen werden sie nicht mehr gesäugt, sondern bekommen die erste feste Nahrung.

## Lieber bei Mama

Katzenkinder müssen die ersten acht bis zehn Wochen ihres Lebens bei ihrer Mutter verbringen. Diese Zeit ist sehr wichtig, damit sie sich nicht nur körperlich, sondern auch seelisch gut entwickeln und ein normales Katzenverhalten lernen. Werden sie allerdings erst spät – nach der 12. Woche – von ihrer Mutter getrennt, kann die Gewöhnung an die neue Umgebung schwierig werden. Von Anfang an sollten die Kleinen durch Streicheln, behutsames Hochheben und Reden mit Menschen vertraut werden. Umso besser kommen sie später in ihrem neuen Zuhause zurecht.

## Richtig füttern

Zunächst sorgt die Muttermilch dafür, dass Katzenkinder gut wachsen. Das erste feste Futter sollte ebenso nahrhaft und energiereich sein, deshalb gibt es im Fachhandel Futter speziell für junge Katzen. Mit etwa einem Jahr kann dann normale Katzennahrung gefüttert werden. Wichtig: Auf das Kleingedruckte auf der Packung achten! Das Futter sollte keinen Zucker enthalten; er schadet den Zähnen und erhöht das Risiko, dass die Katze Diabetes bekommt.
Kleine Katze – kleiner Magen: Weil Katzenkinder noch nicht so große Mengen an Nahrung aufnehmen können, sollte man die Portionen auf drei bis vier Mahlzeiten am Tag verteilen. Im Alter von zehn bis zwölf Monaten reichen dann zwei Mahlzeiten am Tag.

## Gefahren für Katzenkinder

Kleine Katzen sind ähnlich wie Menschenkinder: Interessante Dinge werden erst mal in den Mund genommen. Deshalb keine Kleinteile wie Nadeln, Mini-Spielzeug, Murmeln oder Ähnliches herumliegen lassen! Auch Plastiktüten sind gefährlich, ein Kätzchen kann sich darin verfangen und ersticken.

Alpenveilchen, Efeu, Weihnachtsstern und viele andere Zimmerpflanzen sind giftig. Gerade unerfahrene Katzen probieren vielleicht davon. Lieber auf Zimmerpflanzen verzichten und grundsätzlich immer Katzengras bereitstellen.

Elektrokabel aller Art sind ebenfalls eine verführerische Knabberei für neugierige Katzenkinder. Die Kabel sollten so verlegt werden, dass die Katzen sie nicht erreichen können. Ist das nicht möglich, hilft nur: Stecker ziehen!

Achtung: Katzenkinder und auch noch erwachsene Katzen stecken manchmal die Pfötchen zwischen Tür und Türrahmen. Nie schließen, ohne auf die Katze zu achten!

# Auf Reisen

## Wohin mit der Katze im Urlaub?

Katzen fühlen sich wohl, wenn sie ein festes Revier haben. Verreisen bedeutet deshalb meist Stress für sie. Eine Wohnungskatze kann man aber noch eher mit auf die Reise nehmen als eine Katze, die daran gewöhnt ist, draußen frei umherzustreifen. Ferienwohnung oder Wohnwagen können die vertraute Wohnung vorübergehend ersetzen, ständig wechselnde Hotelzimmer nicht!

Im Transportbehälter reist die Katze am sichersten, auch ihre Toilette darf nicht fehlen. Frisches Trinkwasser muss ebenfalls immer zur Verfügung stehen.

**Achtung:** Bei Auslandsreisen müssen Einreisebestimmungen wie zum Beispiel Impfvorschriften beachtet werden. Informationen dazu gibt es bei den Konsulaten oder beim Tierschutzbund und anderen Organisationen.

## Tätowierung oder Chip?

Und was ist, wenn deine Katze wegläuft? Lass sie im Haustierregister des Deutschen Tierschutzbundes (DHR, siehe S. 31) registrieren. Zur Sicherheit sollte jede Katze eine Tätowierung haben, durch die sie wiedererkannt werden kann. Eine noch bessere Möglichkeit ist ein Chip, der unter die Haut gepflanzt wird. Darauf ist ein elektronischer Code gespeichert. Die Tätowierung oder Markierung durch Chip macht der Tierarzt. Für eine dieser Kennzeichnungen musst du dich auch entscheiden, wenn du mit deiner Katze ins Ausland reisen willst, sonst darf sie nicht über die Grenze.

## Der Heimtierpass

Bei Reisen in Länder der Europäischen Union ist ein Heimtierpass Pflicht, in dem vermerkt ist, ob ein gültiger Impfschutz gegen Tollwut besteht. Damit der Pass dem Tier eindeutig zugeordnet werden kann, muss es unverwechselbar gekennzeichnet sein. Der Heimtierpass wird vom Tierarzt ausgestellt.

## Katzenhotel

In vielen Städten gibt es mittlerweile Katzenpensionen oder -hotels. Wenn du deine Katze dort unterbringen willst, schau dir die Unterkunft auf jeden Fall vorher an. Ist sie sauber? Machen die Tiere einen gepflegten und zufriedenen Eindruck? Haben sie ausreichend Platz?

Die meisten Pensionen verlangen einen Impfnachweis, bevor sie ein Tier aufnehmen. Rechtzeitig daran denken!

Du erleichterst deiner Katze die Eingewöhnung, wenn du ihr einen vertrauten Gegenstand mitgibst. Das kann ihr Lieblingsspielzeug sein oder auch ein T-Shirt von dir, das nach ihrem Zuhause riecht.

## Betreuung zu Hause

Der Stress für deine Katze ist am geringsten, wenn sie zu Hause bleiben darf, aber nicht allein gelassen wird. Mehrmals am Tag sollte ein Betreuer nach ihr sehen, für Futter und frisches Wasser sorgen und vor allem auch viel Zeit zum Spielen mitbringen. Vorheriges Kennenlernen und Beschnuppern ist wichtig! Der zukünftige Katzensitter sollte vorher öfter zu Besuch kommen. Eine andere Möglichkeit: Die Katze zieht vorübergehend zu Freunden oder Verwandten ihrer Menschen, die sie schon kennt. Über den Deutschen Tierschutzbund gibt es auch die Möglichkeit: „Nimmst du mein Tier, nehm ich dein Tier!" So helfen sich Tierbesitzer gegenseitig.

## Checkliste für die Urlaubsbetreuung

- Hast du genug Futter gekauft?
- Ist ausreichend Katzenstreu vorhanden?
- Liegt für Notfälle die Telefonnummer des Tierarztes bereit?
- Hast du den Impfpass hingelegt? Er muss zum Tierarzt mitgenommen werden.
- Hast du dem Betreuer gezeigt, wie das Katzenklo gesäubert wird?
- Weiß er, wann und wie oft gefüttert wird?
- Hast du auch an das Lieblingsspielzeug gedacht?

# Wichtige Adressen

**Deutscher Tierschutzbund e.V.**
Bundesgeschäftsstelle
Baumschulallee 15
D-53115 Bonn
Tel: (02 28) 60 49 6-40
Fax: (02 28) 60 49 6-40
www.tierschutzbund.de
www.jugendtierschutz.de
www.tierschutzkids.de

Der Deutsche Tierschutzbund ist Europas größte Tier- und Naturschutzorganisation. Seit über 125 Jahren kämpft er für Tiere in Not. Er ist die Dachorganisation von mehr als 700 Tierschutzvereinen mit über 500 vereinseigenen Tierheimen.

**Deutsches Haustierregister e.V. (DHR)**
www.registrier-dein-tier.de
24-Stunden-Service-Telefon:
(0228) 60496-35

Das Deutsche Haustierregister ist ein bundesweiter Suchdienst des Deutschen Tierschutzbundes e.V. Außerdem gibt es einen Datenaustausch mit einem europaweiten Netzwerk. Tierhalter können ihr Tier im Deutschen Haustierregister kostenlos registrieren lassen.

**Tierärztliche Vereinigung für Tierschutz e.V. (TVT)**
Geschäftsstelle
Bramscher Allee 5
49565 Bramsche
Tel: (0 54 68) 92 51 56
Fax: (0 54 68) 92 51 57
www.tierschutz-tvt.de

Die Tierärzte der TVT setzen sich mit ihrem Fachwissen für die artgerechte Haltung von Heim- und Nutztieren ein. Hier bekommst du wichtige Merkblätter und Infomaterial.

**TASSO e.V.**
Frankfurter Straße 20
65795 Hattersheim
Tel: (0 61 90) 93 73 00
Fax: (0 61 90) 93 74 00
www.tasso.net

Tasso ist ein Suchdienst für vermisste Tiere. Hier kannst du dein Haustier vorsorglich registrieren lassen, es bekommt eine nummerierte Marke.

Die wichtigsten Tierschutzadressen findest du im Internet unter: www.tierschutzverzeichnis.de

# Zuchtverbände

**1. Deutscher Edelkatzenverband, DEKZ e.V.**
Berliner Straße 13
35614 Asslar
Tel: (0 64 41) 84 79
Fax: (0 64 41) 8 74 13
www.dekzv.de

Der 1. DEKZV e.V. wurde 1922 in Nürnberg gegründet und ist eine der ältesten Organisationen Europas für die Registrierung von Katzen. Außerdem ist er Deutschlands größter Rassekatzen-Zuchtverband.

**Deutsche Edelkatze e.V.**
Hubertstraße 280
45307 Essen
Tel: (02 01) 55 07 55
(02 01) 55 27 47
(02 01) 55 40 90
www.deutsche-edel-katze.de

Der Verband ist Mitglied der internationalen WCF (World Cat Federation) mit Ortsgruppen in der gesamten Bundesrepublik. Er organisiert auch Ausstellungen.

Hier gibt es die wichtigsten Informationen im Internet rund um die Katze und die Möglichkeit zum Austausch mit anderen Katzenfans:
www.katzen.de
www.welt-der-katzen.de
www.katzen-link.de

Eine Übersicht über Tierheime in Deutschland bietet diese Internet-Seite:
www.tierheim-liste.de

Und unter dieser Internet-Adresse findet sich eine richtig tolle Spielzeugidee für Katzen:
www.katzenfummelbrett.ch

## Register

## Checks

## Spielzeug basteln

## Der Deutsche Tierschutzbund e.V.

Europas größte Tier- und Naturschutzorganisation unterstützt mit den ihr angeschlossenen mehr als 700 Tierschutzvereinen und über 500 vereinseigenen Tierheimen den praktischen Tierschutz vor Ort. Der Verband setzt sich für eine bessere Tierschutzpolitik ein und legt die wissenschaftlichen Grundlagen für den Tierschutz. Der Deutsche Tierschutzbund ist als gemeinnützig anerkannt und politisch neutral. Als erste Tierschutzorganisation wurde ihm das DZI-Spenden-Siegel zugesprochen, zudem ist er Gründungsmitglied des Deutschen Spendenrates. Damit setzt er Zeichen für den transparenten und sparsamen Umgang mit Spendengeldern. Der Deutsche Tierschutzbund e.V. erhält keine öffentlichen Mittel und ist ausschließlich auf Spenden angewiesen: Spendenkonto des Deutschen Tierschutzbundes e.V., **Kto. 40 444, Sparkasse KölnBonn (BLZ 370 501 98)**

Bibliografische Information der Deutschen Nationalbibliothek
Die Deutsche Nationalbibliothek verzeichnet diese Publikation in der Deutschen Nationalbibliografie; detaillierte bibliografische Daten sind im Internet über http://dnb.d-nb.de abrufbar.

© 2009 Patmos Verlag GmbH & Co. KG
Sauerländer, Düsseldorf
Alle Rechte vorbehalten
Umschlaggestaltung: h.o. pinxit, Basel
unter Verwendung von Illustrationen von
Gerhard Schröder
Printed in Latvia
ISBN 978-3-7941-7647-2
www.sauerlaender.de